AF595717

6

# ESSAIS
## SUR L'ÉDUCATION DES HOMMES, ET PARTICULIÉREMENT DES PRINCES, PAR LES FEMMES,

*Pour servir de Supplément aux Lettres sur l'Éducation.*

5767 17

*Sensere quid mens, rite, quid indoles*
*Nutrita faustis sub penetralibus.*
Hor. Od.

A AMSTERDAM,

*Et se trouvent à* Paris,

Chez Guillot, Libraire de Monsieur, Frere du Roi, rue de la Harpe, au-dessus de celle des Mathurins.

M. DCC. LXXXII.

# ESSAIS
## SUR L'ÉDUCATION
## DES HOMMES,
### ET PARTICULIÉREMENT DES PRINCES, PAR LES FEMMES,

*POUR servir de Supplément aux Lettres sur l'Education.*

## I.

LA conduite qui a donné lieu à ces obfervations eft l'atteinte la plus forte qu'on ait jamais portée à l'étiquette & à l'ufage, les plus vrais & les plus anciens ennemis du bon-fens, de la bonne Education, & particuliérement de l'Education des Princes.

L'innovation expofée aux rigueurs de la critique, m'a donné le plaifir fenfible qu'éprouve un Méchanicien quand il apperçoit le mouvement : parce qu'en morale comme en physique la force d'inertie eſt la ſeule irréſiſtible. Le mal eſt vieux, & l'on y va par le grand chemin de la coutume. On n'arrive au bien qu'à travers champs, & la raiſon doit voir une innovation avec une ſorte de complaiſance qui aide à balancer la réclamation populaire. L'amour du bien devroit imiter la marche de l'ambition : elle ne dit jamais, c'eſt aſſez; mais toujours bornée au deſir de la médiocrité, elle ne demande qu'à faire un pas à la fois, encore un pas qui doit la conduire au repos. Les projets inſenſés ne viennent qu'après les ſuccès inouis, & dans ce genre les amis du bien ne doivent point avoir perdu l'habitude de vivre de peu.

Mais remontons aux bons principes de la bonne Education.

## I I.

Les enfants n'entendent que ce qu'ils voient. Si vous les avez bien étudiés, ſi vous avez moins de vanité que de vrai zele, vous reculerez de jour en jour l'âge des leçons. Mais l'Education de l'ufage, l'Education proprement dite, commence avec la vie.

A mefure que les fens fe développent, l'ame fe compofe des vérités, des erreurs, des paffions, des befoins, des fouffrances, qui entourent le berceau.

Ces idées primitives, ou ces premieres images imprimées fur nos fens fe confondent & s'identifient avec nous, de maniere à paroître innées ou originelles. Voilà ce que nous avons appellé la nature, ou l'Education premiere, dans laquelle vous pouvez remarquer un grand maître qui eft le befoin; des leçons bonnes ou mauvaifes, qui font les objets environnants, & enfin des Eleves avides de favoir : ce font les fens qui s'aident & fe corrigent mutuellement, dont l'expérience forme bientôt l'efprit, ou l'habitude de concevoir & de faifir les rapports.

## I I I.

Cette premiere Education conſidérée comme purement phyſique, a toujours été abandonnée aux ſemmes, meres, ou nourrices, ou gouvernantes. Certes les hommes n'euſſent pas cédé la place, s'ils avoient ſu l'importance du moment.

Et c'eſt préciſément parce que je crois voir cette naiſſance morale, que je croirois plus eſſentiels les ſecours du ſexe des meres, & que je conſeille de ſuivre juſques dans la jeuneſſe le vœu de la nature, qui donne à un enfant un pere & une mere, & qui, dans le partage qu'elle a fait de la douceur, de la patience, de la tendreſſe vigilante & induſtrieuſe, nous a indiqué à qui devoient être confiés les ſoins & la garde de la foibleſſe. Et juſqu'où ne dure pas la foibleſſe !

La ſaiſon de l'enſeignement proprement dit, ſeroit-elle quelquefois moins tardive, les leçons ſeront toujours ſtériles, ſi elles ne ſont répétées par tous les objets avec leſquels l'enfance eſt plus familiere. Et n'eſt-ce pas à une femme qu'appartient la diſpoſition de toutes les images, de tous les hommes, de toutes les choſes que ſon fils doit toucher & voir, & dont il eſt néceſſairement le diſciple, auſſi-bien que d'elle-même, & bien mieux que d'un maître iſolé.

Une mere, ou la femme qui vit pour elle auprès de ſon fils, peut ſeule faire que le monde ſoit borné pour lui à la maiſon paternelle, & n'y donner accès qu'aux exemples & aux diſcours capables d'honorer le devoir. Alors les foyers domeſtiques deviendront pour l'enfant qu'ils auront vu naître, un temple conſacré aux mœurs ; leur culte ſera l'amuſement de ſon enfance ; il ne reſpirera dans ces moments critiques que le goût du bien & le baume des vertus, dont la ſainte habitude ſera déjà ce que nous appellerons ſon caractere & ſon naturel.

On n'enſeigne pas les inclinations, mais on étudie l'art de les faire naître, de les diriger vers ſes fins. Ce ſont les études & l'art le plus propre au ſexe réduit à faire vouloir ce qu'il deſire.

On ne commande point les penſées, mais elles ſe conçoivent; il faut attendre & ſaiſir le moment de les accoucher. C'étoit le bon eſprit de Socrate. Ce n'étoit point l'eſprit de force & d'élévation, mais l'eſprit de patience, de douceur, de flexibilité, d'inſinuation, celui des femmes.

## I V.

Les hommes regnent au dehors par la loi, les femmes n'ont que l'empire des foyers. Elles gouvernent l'intérieur des familles par les idées qu'elles y répandent, par les mœurs ſimples & les paſſions douces qu'elles y font naître. Cette adminiſtration domeſtique eſt pour elle l'apprentiſſage de la jeuneſſe, & l'emploi de la vie. Appliquées par le beſoin au talent de plaire, d'obtenir l'amour ou l'amitié, & puis l'autorité, elles décident enfin de ce qui doit plaire & honorer; elles ſavent fixer l'opinion à cet égard, & la néceſſité de s'y ſoumettre décide de notre Education.

V.

Conſidérez autour de vous la maiſon où vous aimez à ſavoir votre fils, parce qu'il en revient meilleur : celle où le don de plaire eſt une vertu, où l'honnête homme eſt l'homme aimable, où les bonnes mœurs ſont du bon air. Allez à la ſource de tous ces biens ; ou ſi le mal vous ſemble plus ſenſible, cherchez à quoi attribuer le mauvais air que la jeuneſſe reſpire dans la bonne compagnie. Si vos obſervations ne vous rapprochoient pas des miennes, ſi vous ne reconnoiſſiez pas l'empire des femmes ſur l'Education, nous ne pourrions plus parler morale enſemble, nous avons vécu trop loin l'un de l'autre, & vu des choſes trop diſparates.

D'après ce que j'ai vu : pour une bonne Education, il faut un Précepteur qui donne de bonnes leçons, un pere qui les appuie de ſon autorité, une mere qui les rende aimables, & qui les faſſe répéter par tous les objets dont elle dispose, par toutes les voix, toutes les actions qu'elle dirige. Alors la vérité, l'honneur, le plaisir & l'usage enseignent la même chose. Tous ces grands Maîtres en Education n'ont de force qu'en s'unissant, & cette union doit être l'ouvrage d'une femme.

Avec le pere le plus sensé, le Précepteur le mieux instruit, unissez une petite maîtresse ou bien une bégueule, vous ne donnerez à la société que des sots ou de Petits-Maîtres : tandis qu'une femme ingénieuse, une mere habile, inspirera son ame & son esprit aux enfants d'un imbécille, & aux éleves d'un pédant.

## V I.

D'après de pareils exemples, & en observant ce genre d'hérédité, M. de Buffon conclut en Physicien que les races se féminisent. En moraliste, je n'y puis voir que de la morale, que l'homme est le produit de son Education, que l'Education est déterminée de bonne heure par le sexe qui y préside, celui à qui la nature a donné la foiblesse qui l'attache à la vie privée, & les charmes qui lui en donnent l'empire. Une femme est le dieu tutélaire de la maison qu'elle habite. Témoin nécessaire de tout ce qui s'y passe, elle dispose de la forme & de l'effet des images; elle veille sans cesse auprès des berceaux, elle les tient investis, commande réellement l'Education de l'usage, & décide ainsi le tempérament & la trempe de notre ame.

Une femme forte, une mere tendre méritera donc les honneurs de la maternité, l'honneur d'être la mere d'un honnête homme, parce qu'elle le formera elle-même à la vertu; elle le portera pour ainsi dire plus long temps dans son sein; elle prolongera les douleurs de l'enfantement & la gloire de la création. Elle lui donnera son ame après l'avoir nourri de son sang; elle sera la mere de l'être qui aime & qui pense. Ainsi Blanche de Castille, Jeanne d'Albret, partagent le culte que le peuple a voué aux meilleurs de nos Rois. Le peuple ſait que Blanche eût mieux aimé voir ſon fils mort que vicieux.

Nous avons tous chéri le Prince dont la jeuneſſe paiſible nous rappella long-temps les traits d'Adélaïde de Savoie ; mais il l'avoit perdue au berceau ; elle ne l'avoit point élevé. On ne la cite point parmi les meres des grands hommes ; cette gloire n'appartient qu'aux meres Inſtituteurs. Ah ! ſi Adélaïde nous eut été conſervée, elle eût entouré ſon fils des images de toutes les vertus, de toutes les vérités ; elle eût formé ſon ame de la ſenſibillité de Fénelon, de la ſageſſe de Beauvilliers, des paſſions ſaintes de leur auguſte Eleve. Le beſoin d'aimer & d'être aimé auroit eu dans cette Education l'ancien pouvoir de l'étiquette dont l'obſervation religieuſe eſt la vertu des Cours, & ſatisfait à toute heure des conſciences à qui il faudroit un autre aliment & d'autres ſcrupules.

Non, il n'eſt qu'une femme dont l'active ſenſibilité puiſſe briſer les chaînes de l'étiquette, & rompre les filets dans lesquels les Courtisans tiennent la vérité & la royauté captives. Les honnêtes gens ne savent que céder la place & se plaindre en fuyant. Peut-être est-ce un reproche que le Roi peut faire à la Philosophie d'être ainsi laissé seul contre tous.

Peut-être le génie & les vertus des hommes voudroient, pour se déployer, un théatre plus vaste que celui où s'agitent les Courtisans. L'activité, la vertu d'une femme, trouve mieux à la Cour la scene & l'aliment qui lui est propre. Ainsi le plus honnête homme n'est dans sa famille qu'un enfant docile : il paroît foible, parce qu'il n'est pas à même de déployer ses forces. Une femme forte y paroît telle, parce qu'elle est à sa place. Elle est dans son empire & sur son trône, que je ne lui ai guere vu disputer que par un pauvre homme ou son fils.

## VII.

Oui! depuis le ridicule enfant qui dut à

un ſophiſme (1) la célébrité de ſon regne prétendu, juſqu'à cet enfant précieux qui doit régner un jour, par la raiſon, ſur la nouvelle Athenes; il n'en eſt point qui n'aſpire au deſpotiſme, & déjà vous pouvez reconnoître les tyrans à la frayeur, à la foibleſſe, à la haine qui flétriſſent des traits que le calme & la douceur embelliroient. Eh bien! la premiere victime, le premier ſujet de l'autorité arbitraire, c'eſt le chef de la maiſon paternelle, un honnête homme, un bon pere; & ſi *l'injuſtice à la fin produit l'in-*

(1) Les Athéniens s'amuſoient à dire : le fils de Périclès commande à ſa mere, cette femme gouverne ſon mari, dont nous recevons les ordres, que nous donnons à la Grece. La Grece eſt donc gouvernée par un enfant. Ce ſophiſme ne ſeroit point à mépriſer parfaitement par qui auroit entrepris le livre des grands événements par les petites cauſes. On ne finit point ce livre promis depuis ſi long temps, apparemment on eſt arrêté par l'embarras des matieres au temps qui court.

*dépendance*, c'eſt à une femme douce qu'on en eſt redevable. Je vois des meres qu'on ne croyoit que tendres, lorſqu'elles prodiguoient leurs ſoins à la foibleſſe & à l'infirmité, devenir des femmes fortes pour briſer l'humeur des deſpotes, & reprendre des droits ſacrés.

Quant au pere, la pratique reçue eſt de fuir en riant, ou bien en jurant, & en vérité je n'y ſais que ce moyen.

## VIII.

L'obéiſſance du Gouverneur peut avoir des ſuites plus fâcheuſes. Monſeigneur humilié de n'avoir pu trouver ſur la carte la poſition de ſon pays, vous fera ſentir ſes progrès & ſa place en politique; il appercevra le ſujet ou le ſerviteur qui cede. Une femme pourroit donner le change à l'orgueil & à l'humiliation. Elle traiteroit l'humeur comme une maladie; elle ne paroîtroit pas ſoumiſe au pouvoir, mais compâtiſſante envers la douleur. La douleur & la pitié pourroient devenir une leçon, & apprendre au Prince souffrant ce qu'il doit à l'homme qui souffre.

Je ne dis point à la Nation de ne plus trembler en voyant croître de jeunes Princes dont elle ne connoît pas les Instituteurs. Je crois même à desirer que les frayeurs populaires tiennent toujours attentive la garde qui veille à notre repos; mais les pleurs d'une femme ingénieuse & sensible, sa tendresse inquiette, heureusement dirigée, me semble propre à consoler à la fois la Nation qui veut que l'on conserve ses Maîtres, & le Sage qui veut qu'on les rende meilleurs. Donnez-moi un enfant qui pleure, disoit Quintilien. Pour moi, je veux encore un Instituteur qui pleure comme une femme, sans oublier l'art & l'emploi de ses larmes pour une bonne fin.

## IX.

Ce n'est pas à dire que le sentiment chez les hommes ne soit plus profond & plus soutenu; mais en parlant d'Education, on

ne

ne compte que les biens & les vertus qu'on efpere répandre. La vertu ne s'apprend pas, elle fe donne comme les maladies. Il ne fuffit pas d'avoir de bons germes pour cette efpece d'inoculation : il faut qu'ils foient vivants : que la vertu qui doit être infpirée, foit une paffion qui fe reproduife au-dehors & fe communique par les fens.

Nous n'avons point à peindre un Miniftre, un Magiftrat, mais un Inftituteur & fon Eleve, un Inftituteur comme celui qui avoit accoutumé le Duc de Bourgogne à redire fi fouvent: *Que dit-on de moi à Paris*? Et n'eft-il pas vrai que les Inftituteurs de cette forte fe trouvent plus fouvent chez le fexe qui vit d'eftime & d'amour dans l'ame & l'efprit d'autrui (1).

(1) C'eft fans doute à ce caractere que l'on doit attribuer les biens que Fénelon fit efpérer à nos peres, beaucoup plus qu'aux talents & aux principes à qui nous devons Télémaque : Ouvrage immortel : mais qui fuppofe qu'une bonne Education eft l'art de faire aimer la vérité fous les

Je n'offenſe point les ombres révérées des Montauſier & des Boſſuet, je ſais que Montagne a dit qu'il étoit d'une ame forte de s'accommoder aux allures puériles. Mais j'ai plus compté & peſé d'Inſtituteurs

---

traits du menſonge. Pour moi, je crois que cet art d'embellir les nuages ſupplée mal à la lumiere qui doit les diſſiper. C'eſt de Télémaque que nous vient l'uſage de mettre en Roman les principes d'Education. Xénophon en avoit donné l'idée à Fénelon. Les Romans nous ont toujours conduits nous autres Inſtituteurs & Moraliſtes. Peut-être ai-je fait auſſi mon Roman. Ainſi l'art en dégénérant, va ceſſer d'être à la mode, & nous chercherons & verrons mieux quelles ſeroient les forces & l'influence de la vérité bien ſentie, bien vue, bien ſimple & commune, rapprochée de l'uſage, de l'intérêt, de ſes calculs ſi décriés, dont le produit & la preuve ſeroient dans l'ordre & la juſtice s'ils étoient bien fait. Mais que ces expreſſions de calcul & d'intérêt brillent peu près des grands mots d'héroïſme & d'enthouſiaſme! Les plus *belles Vies*, diſoit Montagne, *ſe rangent au modele commun & humain.* Et pourtant

que Montagne, & il me reste de mes observations, qu'un enfant n'aimoit point à donner la main à un homme colossal, non plus qu'à être le bâton de vieillesse de son Précepteur.

Une Education durant laquelle le Précepteur a créé le prodigieux discours sur l'Hif-

---

nous conservons l'usage d'admirer toujours les vertus sur des échâsses & des nuages comme des divinités ou des machines *d'Opéra.* Nous n'avons retenu de l'exemple des Abeilles, que leur ancienne habitude de commencer l'édifice par le toît; c'est notre vieille & nouvelle maniere en politique & en éducation.

Enfin allez en Suede observer comme le Fénelon du Nord a formé un Roi capable de détruire l'aristocratie, un vrai Monarque, puisque la Monarchie n'est que l'autorité éclairée. Cherchez dans les écrits du Maître & de l'Eleve, autre chose que de la vérité, des calculs, de la Géométrie. D'ailleurs je ne puis être soupçonné de vouloir attenter au culte que les Princes & les Instituteurs doivent à Fénelon. Ah! si Fénelon, comme Scheffer, eut présidé au Conseil de son Eleve & de son Maître, &c.

toire Univerfelle, me fait regretter les Contes de Mifs Bonne ; & j'imagine qu'après avoir joué avec le grave Montaufier, le Dauphin fentoit encore le befoin de fe délaffer avec les valets.

## X.

Il eft fage fans doute d'interdire à l'enfance la fociété des domeftiques. Mais fi vos précautions ne réuffiffoient pas, elles ne feroient que rendre plus douces des leçons dérobées.

Vous obtiendrez qu'il n'y ait point de familiarité, point d'entretien fuivi ; mais un regard, un mot, un fourire n'eft pas en votre pouvoir, & peut détruire une année de leçons. J'aimerois mieux réunir tant de monde à mon parti, que d'avoir à m'en défendre.

Le pere de Montagne avoit compofé fa maifon de maniere que fon fils apprît le latin comme fa langue naturelle. Maupertuis avoit imaginé une Ville où tout le monde devoit parler latin, & dans laquelle un féjour de deux ans épargneroit à notre jeuneffe les ennuis de la fcholarité.

Mon projet à moi, feroit une maifon où l'on n'entendît que d'honnêtes gens, où la langue ne fût que l'expreffion des mœurs, où des Maîtres vertueux feroient fervis par des homme dignes de former avec eux une même famille, & de rappeller les noms que les Anciens donnoient à leurs efclaves (1).

---

(1) *Pueri*, *famuli* : *Enfants*, *enfants de la famille*. Ces efclaves-là pouvoient être auffi heureux que les *falariés* de nos Villages. D'après ce que j'ai vu, l'efclavage du befoin me femble plus dur que celui de la loi. Qui n'a pas de pain, a befoin d'appartenir à un maître. Le raffinement de l'avarice & de la cruauté en Amérique eft de donner la liberté aux vieux Negres. Le mot de raffinement & d'avarice fuppofe que de pareils affaffinats font rares chez nos Colons. On juge bien que cette note ne m'a pas été donnée par les coupables. Je bénis la loi qui abolit la fervitude ; mais en voyant fauver l'homme qui fe noie, je demande s'il a du pain & des habits, & je puis bien demander fi le nouvel affranchi ne maudit pas la fécondité,

> Sa femme, fes enfants, les foldats, les impôts,
> Les créanciers & la corvée, &c.
>
> La Fontaine.

Quelques Romans, quelques Drames ont déjà mis en ſcene d'honnêtes gens donnant à de jeunes Maîtres des leçons, des exemples, des ſecours, & ces rôles m'ont toujours paru plus vrais que l'impudente eſcroquerie des Valets du bon comique du bon temps. J'ai vu dans cette claſſe avilie des hommes qui n'étoient en vérité que des *amis malheureux* (1), faits pour rendre meilleurs ceux qu'ils ſervent. J'ai vu dans la ſervitude des femmes dont un regard rappelloit des devoirs ſacrés. J'ai vu les familiarités touchantes

---

(1) Il eſt d'anciennes expreſſions demeurées pour la conſolation & l'honneur du Peuple. Le reſpect dû aux malheureux, veut que l'on reſpecte auſſi les maximes qui les honorent, lors même que l'on pourroit les combattre avec des raiſons plauſibles. Quand des Ouvrages ſur l'Education des Princes ont le charme qui les répand dans la Nation, elle exige que les Ouvrages & les Inſtituteurs ne voient qu'elle, ne ſongent qu'elle, ſoient pleins d'elle. Fénelon n'eut d'ennemis que pour avoir trop aimé Dieu & le Peuple.

de la dignité faire oublier le malheur d'avoir une ame au-dessus de son sort ; & enfin ne connoissant plus d'état pour la roture ou la noblesse des ames, croyant d'ailleurs impossible de soustraire l'Education des Grands à l'influence des domestiques, je propose de les associer au bien. Mais il me semble que Bossuet & Fénelon lui-même devoient peu s'entendre à choisir & à conduire de pareils collegues. Cet emploi ne peut être que celui d'une femme. Une femme seule peut avoir en ses mains toutes ces volontés subalternes, & faire que tous les discours, tous les plaisirs, tous les vœux de la maison qu'elle gouverne, soient d'intelligence avec les leçons des Maîtres ; elle pourroit rendre éloquent & instructif le silence de ceux qui ne savent que se taire.

Peut-être dans l'âge suivant, dans les désordres de votre éleve, le silence sera la seule expression permise à la douleur & à l'indignation des Peuples. Et s'il est vrai qu'on ne doive imposer à un enfant que des punitions qu'il puiſſe toujours craindre (1), voyez comme une femme habile & attentive peut employer tout ce qui l'environne à rendre plus vif, plus amer, plus durable le ſeul châtiment que le reſpect nous ait laiſſé pour les Princes de tous les âges (2).

## X I.

Ainſi, aidée de vos ſoins, l'enfance parvient à la jeuneſſe, & dès que vous avez conduit hors du port ce frêle vaiſſeau, vous le laiſſez livré à lui-même au plus fort de l'orage. L'Education ſemble finir à l'âge où elle ſeroit déciſive; & pour les Princes cette pratique inſenſée a la ſanction de la loi.

---

(1) C'eſt une idée de Quintilien, liée à ce principe d'Education, ſi eſſentiel & ſi ſouvent oublié, de ne point donner aux vertus de l'enfance des motifs que la jeuneſſe va tourner en ridicule, & qui laiſſeront l'âge mûr ſans principes.

(2) Je n'ai point ſous les yeux le texte de l'homme éloquent & ſimple à qui la Nation doit cette idée-mere.

Mais la loi doit céder à l'amitié. Loin de son Maître le nouvel affranchi s'étonne de de n'être pas encore libre, & réellement il n'est point à lui : il est à ceux qu'il aime. Ses amis sont ses maîtres. Il est un âge où le Prince n'aime que ceux qui pensent comme lui; mais dans la jeunesse il pense comme ceux qu'il aime. Une bonne Education pourroit être définie, l'art de faire aimer la vertu pour l'amour de ses modeles.

Si donc la loi ne vous laisse plus maître de la conduite & de la formation de votre éleve, formez, conduisez ses amis; faites que son cœur penche vers ceux que l'on aime davantage à mesure que l'on vaut mieux. Que l'amitié, le goût, le besoin, la proximité, mille circonstances que vous ferez naître, le ramenent tous les jours dans une société où le desir de plaire conduise au bien, où la vérité, la droiture, la justice soient nécessaires à l'honneur, & le devoir à l'amabilité, où les mœurs comme les discours, portent une impression sensible de vertu, qui attriſte celui qui la trahit *dans ſon ame & conſcience*, où le bonheur de ſe trouver enſemble croiſſe encore par celui de ſe rendre meilleur.

Je le vois bien, tant de bonheur & de vertus donneront à cette école des mœurs tous les dangers de nos bons Romans; la jeuneſſe ainſi paſſée, ne ſera plus l'apprentiſſage de la vie pour les Princes & pour les Grands qui doivent connoître les hommes, le vice & le malheur. Mais quel autre remede apporterez-vous à la folie & au pouvoir de la coutume, qui ne laiſſe à cet âge critique d'autre école que la ſociété, & qui, ſans permettre le choix des Maîtres, rend les Princes eux-mêmes des diſciples ſi ſoumis?

## X I I.

Il manquera ſûrement des preuves ſuffiſantes à pluſieurs de ces conſidérations; mais au moins ai-je aſſez dit que ce n'eſt pas l'emploi d'un homme que je demande pour une femme: que l'Education eſt un des ſoins de la vie privée & de l'adminiſtration domeſtique, du ménage, en un mot : que ce ſoin deſtiné par la nature au ſexe foible qu'elle inſtruit ſans ceſſe à s'aider des volontés & du pouvoir d'autrui, avoit été uſurpé par les hommes, parce qu'on avoit confondu l'Education avec l'inſtruction qui n'en eſt qu'une partie.

Une femme dans l'emploi d'un homme, ne feroit jamais qu'un homme médiocre, plus ridicule qu'un homme efféminé ; elle jouera toujours très-mal un rôle qui la défigureroit, même en le jouant bien. Les femmes ſont bien plus femmes que les hommes ne ſont hommes. Ceux-ci partagés en différentes claſſes de citoyens, different par leur état autant que par leur ſexe. Le ſexe d'une femme eſt encore ſon état. Elle eſt mere, ou fille, ou épouſe. C'eſt toujours une femme que nous voyons ſous tous ces rapports. En Littérature on veut que les Ecrits d'une femme décelent une femme ; l'indulgence ou l'admiration ne ſont qu'à ce prix.

S'il eſt des Ouvrages de femme ſupérieurs à tout ce que les hommes ont pu faire dans le même genre, c'eſt qu'il en eſt où l'Auteur n'a jamais démenti ſon ſexe ; ou plutôt, c'eſt qu'on n'y voit point d'Auteur, point de Livre à lire ; on y jouit de l'intimité d'une femme que l'on aime.

Ainſi les femmes conſacrées à l'Education, avec l'eſprit de leur état, n'en conſerveront point les dehors & l'enſeigne.

Les ſens & l'eſprit de l'enfance, toujours ouverts aux leçons du beſoin, ou de l'uſage, ou de l'amitié, ſe ferment quand la mal-adreſſe coutumiere annonce un Précepteur. Vous reconnoîtrez le Prince s'il reconnoît un Maître. Et c'eſt encore un avantage du nouvel Inſtituteur de pouvoir employer ſon ſexe à déguiſer ſon emploi, à perſuader à ſon éleve qu'il ne l'accompagne que pour aider ſa foibleſſe, & adoucir les peines attachées à la condition humaine de tous les états & de tous les rangs.

Ah! ſi les femmes pouvoient ſavoir comme

nous aimons tout ce qui vient d'elles avec leur cachet : quelle douce émotion laiſſe une expreſſion de ſentiment, une naïveté, un mot qui décele une femme, comme un trait de Moliere peint un Avare ! ...

Une femme veut-elle reculer le temps où elle doit ſe plaindre que les hommes ne ſont plus attentifs & prévenants, que le monde eſt bien changé, &c. qu'elle ait un bon eſprit qui ne ſoit que la raiſon aſſaiſonnée ; qu'on puiſſe dire d'elle que ſon eſprit eſt dans ſon cœur ; que ſon entretien rappelle tous les jours le ſexe que l'on aime & l'âge où l'on eſt bon ; nous ne ſongerons plus que cet âge eſt paſſé, & nos mœurs ne feront plus déſeſpérées.

## XIII.

Une femme Inſtituteur ne ſera donc diſtinguée que par les qualités propres à ſon ſexe. La culture en elle n'aura que perfectionné l'ouvrage de la nature, & des inſtitutions & des beſoins.

Elle aura les vertus d'une femme forte,

mais bien entendu que la plus forte eſt la plus douce & la plus aimable; c'eſt la force du foible.

Elle ne promettra rien qui tienne du prodige, ni pour elle ni pour ſon éleve. Le Peuple & les enfants ne ſongent plus à imiter quand ils admirent.

On nous mene à tous les âges en nous promettant le bonheur. Le bonheur que l'on promet à un enfant, doit être proportionné à ſes premieres idées de plaiſirs nées de ſes premieres jouiſſances. Il ne ſera bien élevé que par la femme dont la ſimplicité lui rappellera celle qui le nourrit & fut la compagne de ſes premiers jeux. Avec des vertus ſi ſimples, ſi près de la nature, jugez combien ſera familier l'eſprit qui doit ſuivre ces *allures puériles & emmieller la viande ſalubre à l'enfant*, elle aura la patience d'une femme & la gaieté d'un enfant.

Comme il eſt reçu que nos premiers pas dans le chemin de la vérité nous en éloignent, elle y doit revenir par l'étude & le travail, par une attention ſuivie à voir & à comparer, par l'Education qu'elle doit donner, celle de l'uſage & de l'obſervation.

Accoutumée à ne juger que des choſes qu'elle aura pu meſurer, ou peſer, ou compter, elle aura l'eſprit ſûr & juſte, & même géométrique, & ne ſaura point de géométrie; mais bien ce qui eſt grand ou petit, ce qui eſt vuide, ce qui a du poids, ce qui eſt ou ce qui n'eſt pas.

Son emploi n'étant pas de donner des leçons, mais de les faire aimer, de les faire répéter par toutes les images environnantes, elle aura beaucoup à étudier, & n'enſeignera guere. Elle ne ſera donc point pédante, car le pédant eſt celui qui enſeigne toujours, tandis que le Philoſophe étudie partout (1).

---

(1) Attentive à démêler les différences, & juſqu'aux nuances de nos goûts, de nos penchants, de ce qui ſied, de ce qui dépare, de ce qui plaît, de ce qu'on aime, une femme d'eſprit doit pa-

Elle connoîtra les bons livres, mais elle ſe plaindra, comme Montagne, de ce que la plupart ne ſervent qu'à lui débaucher l'eſprit, à la diſtraire des études de ſon état & de ſon

---

roître précieuſe chez les femmes ſavantes, à qui il n'eſt pas donné d'entendre tout ce qu'un mot peut dire.

Aſſurément je ne ſonge point à former une précieuſe ; mais une précieuſe me ſemble moins étrangere à ſon ſexe qu'une femme ſavante : l'une abuſe de l'eſprit qu'elle a ; l'autre cherche à ſuppléer à celui qu'elle n'a pas. Dailleurs les précieuſes ne ſont plus à la mode : la méchanceté ne leur pardonne rien, tandis qu'on gâte les Savants des deux ſexes, pour le plaiſir qu'ils donnent aux ſots, d'avoir autant d'eſprit qu'eux.

J'aime en vérité tous les talents, tous les arts, mais encore ſi j'étois femme d'eſprit, je ne ſouperois jamais avec des gens célebres qui paſſent leur vie contents comme des rois chez des imbécilles. Les femmes de bon-ſens devroient ſe faire un devoir de conſoler celui qui n'eſt bien qu'avec elles, & que jamais une petite ſotte n'a trouvé charmant.

ſexe, celle des hommes, des chemins qui vont à leur cœur, & des liens avec leſquels on les mene.

Appliquée à ſe rendre propres tous les objets de ſes obſervations, elle paroîtra propriétaire, même des biens acquis; elle pourra dire franchement avec Montagne, qu'elle n'eſt bonne qu'à forger, & non à meubler. Le Peuple qui ne connoît pas les beautés de la nature, & celles de l'art qui lui reſſemble, ne trouvera rien à admirer dans cette femme : elle ne ſera donc point gâtée par l'acclamation populaire; car ſi les grands talents ou les hautes ſciences ont le privilege d'attrouper les ſots autour des hommes célebres, le bon eſprit, l'eſprit d'obſervation ne réuſſit qu'à nous en défaire. La peur des gens d'eſprit eſt la conſcience des ſots, diſoit l'ancienne D.... de C.....

La peur des frippons eſt encore plus ſenſible à l'approche d'une femme qui a l'eſprit d'obſervation. C'eſt la garde la plus ſûre qu'un jeune Prince puiſſe avoir contre l'hypocriſie

& les vices aimables, auſſi funeſtes que le ſcandale eſt peu dangereux (1).

En général les femmes & les hommes qui ont l'eſprit obſervateur, ſont incommodes en ſociété : ils ont la meſure de tous ceux qui les environnent. Ne les aime pas qui veut, il faut avoir à leur offrir de quoi aimer. On ne ſe vante pas d'être leur ami comme des gens célebres; mais quand on les aime, on les aime bien. Il ſemble que leur témoignage ſoit pour nous celui de la conſcience (2). Quand on eſt faux ou coupable on les craint comme le remords.

---

(1) Si le ſcandale eſt peu funeſte à l'innocence, ſi on peut le comparer à l'ivreſſe des Ilotes, croyez-vous que les vertus ſur des échâſſes puiſſent ſervir de modele à la jeuneſſe?

(2) J'imagine que pour ſouper ſouvent avec la Bruyere, ou Duclos, ou l'Auteur des Maximes, il falloit avoir en ſoi la conſcience de quelque valeur. Une petite ſotte, une bégueule, une hypocrite d'eſprit ou de vertu pouvoient trouver Newton *charmant*. Madame Dacier devoit avoir

Avec l'habitude d'oublier toute espece de lecture dont il ne reste point quelque sentiment de vertu pour le cœur, quelque lumiere utile pour l'esprit, elle ne sera point

---

même parmi les femmes, la réputation d'une femme douce; elle étoit de l'autre monde. Je n'oublierai point l'homme profond qui se trouvant assez mal d'avoir voulu éclairer les gens sur leurs premiers besoins, s'est mis à faire des recherches sur le monde antérieur; mais quand on mettroit à ces riches bagatelles l'esprit de Fontenelle ou de B. on n'auroit & ne donneroit que les plaisirs de l'esprit. Les plaisirs de la vertu sont réservés à l'Ecrivain qui nous parle de nous, de nos devoirs, de nos droits; & celuî à qui ses compatriotes témoignent qu'ils aiment à l'entendre, est coupable quand il néglige de les pénétrer des passions douces qui remplissent son ame, pour chercher la place de l'autre monde. Encore une fois, je ne reconnois le vrai Lettré, qu'à l'ambition de vivre dans une Nation meilleure, & la femme d'esprit qu'au talent de peindre ce qui se passe dans les ames, de suivre la marche de l'esprit qui songe & du cœur qui aime,

femme ſavante, elle n'aura pu que s'inſtruire; & même on dira d'elle, comme Madame de Maintenon de M. de la Rochefoucault, qu'elle a plus de lumiere que d'inſtruction. Peut-être ſe croira-t-elle ignorante à la maniere de Madame de Sevigné, ne ſachant bien que ce qu'elle aura ſenti, & récitant mal ce qu'on lui aura fait apprendre.

Avec un eſprit emprunté un homme n'eſt que médiocre, & non pas faux comme une femme qui ſent & juge ſur la parole d'un homme, & parle comme un Livre. Madame de Sevigné croiroit lui voir de la barbe, & moi, je la contredirai comme à l'école où elle me ramene.

Dans nos mœurs être ſoi, eſt auſſi eſſentiel à un cœur droit qu'à un eſprit juſte. Le premier pas vers la corruption eſt preſque toujours la contrefaction laborieuſe d'une affection, d'un plaiſir, & enfin d'un vice à la mode. Ceux donc qui ont vu le monde & à qui cette obſervation eſt ſûrement familiere, ne ſeront point étonnés de me voir aſſurer qu'un Prince doit trouver dans ſon Inſtituteur le modele de cette fierté, cette originalité de caractere, cette indocilité (1)

(1) La fierté n'eſt pas la hauteur qui reproduit la petiſſeſſe ou la baſſeſſe qui la fait naître, tandis que la ſimplicité, la bonhommie naît de la conſcience de ſes forces. La femme à qui je crois le ſens le plus droit & la raiſon la plus fiere, eſt encore celle qui me ſemble mieux voir les puérilités ſur leſquelles la hauteur ſe fonde, avec l'indifférence, qui fait la perfection dans ce genre.

Enfin ſans cette fierté on n'eſt jamais ſoi. On veut être un autre dont la mode a établi que les grimaces ſeroient du bon air. Ah! ſi les femmes ſongeoient quel eſt le prix d'une femme qui ne fait rien, qui ne dit rien par air, comme elle eſt ſouvent aimable & jamais ridicule!

D'un autre côté, on n'ira pas nier que c'eſt un bon vice que l'hypocriſie; mais ne l'a pas qui veut: n'eſt pas qui veut ſans affection, toujours prêt à montrer la plus utile, comme le ſophiſte effronté qui trouve à une propoſition donnée autant de preuve qu'on en paie. Mieux vaudroit encore avoir réellement le vice ou l'ignorance qui nous

ſans laquelle il n'eſt point de Prince juſte, de femme vertueuſe & de femme d'eſprit.

## X I V.

Une femme qui ne porteroit pas un caractere & une maniere de penſer à ſoi dans l'emploi d'Inſtituteur, trembleroit d'abord que la foule ne lui reprochât ſon ſexe & l'éducation efféminée dont ſon éleve ſemble menacé ; elle ſe feroit des principes d'Education qui annonceroient un Inſtituteur d'une trempe forte & virile, *capable d'exalter les eſprits & les ames.* Si ſa douceur naturelle lui faiſoit horreur du fanatiſme des meres Spartiates, au moins voudroit-elle reſſembler aux dames de nos Chevaliers, & elle armeroit réellement les Princes ſes éleves, en faiſant

---

donnent ici d'heureux rapports, & ces illuſtres ſympathies, ſans leſquelles on n'eſt rien, & qui me ſervent de réponſe à la demande coutumiere ; d'où vient la fortune des ſots ? C'eſt qu'ils ſont en familles, ou du moins ont-ils les plus belles alliances.

ſans ceſſe briller à leurs yeux le glaive de la gloire. Les femmes à cet égard ont trop imité les Muſes antiques. Deſtinées à adoucir les hommes, à leur faire aimer la ſimplicité des vertus paiſibles, elles ont été réellement complices de tout le mal qu'on a fait aux Peuples, en promettant la renommée à ſes fléaux. Un Héros, un Preux ſeroit moins funeſte auprès d'un jeune Prince, qu'une femme ainſi exaltée par de fauſſes idées d'honneur.

*Les autres*, diſoit encore Montagne, *s'étudient à élancer & guinder leur eſprit; & moi à le baiſſer & coucher; il n'eſt vicieux qu'en extention.* Telle me ſemble doit être la deviſe d'une Education de Princes vers le dix-neuvieme ſiecle.

## X V.

C'eſt-à-dire que dans le dix-neuvieme ſiecle, l'honneur doit enfin céder la place à l'intérêt, au calcul, à l'égoïſme....

Telle eſt l'objection que je vois naître ſur

toutes les levres. Je n'ai qu'une réponse à faire pour le moment : c'est qu'en observant nos mœurs, je les vois toujours soumises à l'impérieux honneur. Le sceptre de l'opinion est dans ses mains ; & si l'on a pu dire que l'opinion est la reine du monde, l'honneur en est le tyran, mais un tyran aveugle, nourri du sang des peuples ; vous en feriez le meilleur des maîtres en l'éclairant ; & à qui pouvez-vous mieux confier le soin de l'adoucir & de l'éclairer qu'à la moitié du genre humain qui doit consoler l'autre, à des femmes qui auront bien le caractere & la philosophie de leur sexe, & qui ne jugeront point de la gloire d'après des mœurs, des idées, des intérêts qu'elles ne peuvent connoître ?

Les loix qui leur ont ôté tant de sortes de propriétés, leur ont laissé le partage & la distribution de la gloire, & avec ce seul bien elles peuvent avoir tous les autres pour elles & pour les Nations, en ne le donnant qu'en retour du bonheur, *en substituant l'es-*

*time sentie, la dette de la reconnoissance à la superstition envers les simulacres du vieil honneur, & le goût de la solide gloire au fanatisme chevaleresque.*

Tel est vraiment le double objet de la Philosophie du dix-neuvieme siecle, la superstition & le fanatisme qu'elle aura à détruire (1).

---

(1) La publication de cette feuille d'Essais a été retardée par le desir que j'aurois eu d'y insérer quelques-unes de mes idées sur la superstition & le fanatisme de l'honneur; mais l'abrégé que j'en ai voulu donner n'a servi qu'à me faire mieux sentir la nécessité d'un ouvrage élémentaire pour l'établissement des principes à l'étude desquels j'ai consacré ma vie. *Le Catéchisme de l'Honneur & de la Noblesse* ne paroîtra que dans un an, & l'Imprimeur à qui ces Essais seront confiés, peut ouvrir une souscription pour ce Catéchisme que je promets, à telle condition mercantile qu'il jugera convenable. Je n'en veux mettre qu'une dans mon genre; elle consiste à promettre un exemplaire de cet Ouvrage à quiconque m'enverra six pages ostensibles contre mes idées. Mon amour

Que faut-il pour que le bien ſe faſſe? que la ſageſſe montre le devoir, & que l'honneur y mene. Notre ſiecle n'a-t-il pas eu toutes les leçons de la ſageſſe? Eh! qu'en eſt-il résulté pour la pauvre eſpece humaine? Rien : l'honneur gaulois ou velche a toujours ſuivi l'ancienne impulſion & pouſſé les hommes loin d'eux & de leurs intérêts bien entendus.

L'honneur n'a-t-il pas ſon antique puiſſance & toute la force de l'intérêt perſonnel quand il nous mene dans les camps & ſur les mers, dans d'autres hémiſpheres, & même

---

tendre pour la vérité m'a toujours perſuadé qu'on la ſert dès qu'on en parle, au moins en mal. Je m'engage encore à ne rien écrire contre la loi, non ſeulement en établiſſant les bons principes, mais encore en fouillant & en déblayant les ruines révérées, les puérilités, les atrocités, &c. Les hommes & les Etats ſe conduiſent moins par les loix que par les idées qu'on leur donne, & l'affoibliſſement des préjugés contraires à la loi & au bien ſuffit au courage & à la gloire des Lettrés.

dans le chemin détourné où notre ami demande que nous prêtions à notre aſſaſſinat des formes honorables ; mais il n'eſt point encore devenu l'ame de la vie commune ; il ne préſide point à l'union des familles, à la ſainteté des mariages, à la droiture des procédés. Il n'eſt point juge de paix, il n'eſt encore que le chef de nos légions, le dieu des armées, & jamais le dieu protecteur de nos demeures & de nos champs qu'il rend déſerts, & dont il éloigne l'homme qui auroit été plus ſenſible à la vraie gloire s'il l'avoit connue : ſi l'opinion répétoit ſans ceſſe que l'honneur des Grands eſt le bonheur de ceux qui les environne ; s'il étoit établi qu'on eſt grand par ſon or quand on ſait le répandre ; qu'un courtiſan eſt un homme avili quand on eſt malheureux dans ſa terre ; ſi les prix & les décorations de l'honneur venoient chercher celui qui vieillit & fait le bien à cent lieues de la Cour ; ſi la pourpre ou l'azur ſur le ſein d'un grand propriétaire annonçoient les vœux du Peuple & la joie du cultivateur ; si le citoyen qui représente le Roi auteur de la prospérité, le Roi magistrat, le Roi pere du peuple, le Roi instituteur, étoit aussi grand dans l'opinion que celui qui tient sa place au plus fort de la mêlée & du carnage.

Telles sont les idées de gloire dont je voudrois bercer l'enfance des Princes & nourrir leur jeunesse. Telle est la bonne philosophie à laquelle on conviendra qu'une femme est destinée par la nature & nos institutions ; mais encore est-il nécessaire que cette femme ait conservé le caractere de son sexe en dépit du préjugé qui lui fait ordinairement parler de gloire comme un Velche, comme les meres des Preux, ou celles que Licurgue avoit dénaturées.

## XVI.

Observez que cette femme rare sera pourtant bien modeste près de celles dont on affiche les études & les liaisons savantes, qui suivent des Cours, chez qui l'on voit étalés les inſtruments de la Méchanique, l'attirail de la Chymie, les tréſors de la Botanique, de la Conchyliologie, de l'Optique, les livres qui contiennent ces amas de ſavoir, les honnêtes gens qui les ont faits, qui les expliquent, & dont l'heureuſe manipulation ſert encore merveilleuſement les leçons de l'expérience.

Sans doute ces utiles Lettrés ne ſont pas de ceux que réuniſſoit au Temple le Prince aimable, dont le nom rappelle les talents & les plaiſirs de l'eſprit, & tous les goûts des ames cultivées; ils n'euſſent pas fait la converſation de l'Auteur des Maximes : Madame de la Fayette n'eût pu les entendre, & jamais ils n'auroient eu à ſe plaindre de l'humeur de la Ducheſſe du Maine.

L'Inſtituteur & l'Eleve que j'ai à peindre ſauront le genre de conſidération qu'ils doivent à des hommes d'une utilité ſi ſolide; ils reſpecteront tous les hommes de tous les états, mais en ſe bornant à l'étude du leur, qui ſe trouve être le même, c'eſt-à-dire que les femmes ſont deſtinées par la nature, comme les Princes par le ſort, à étudier les hommes, à les gouverner, à les unir pour leur bonheur (1).

---

(1) Je voudrois ſur-tout que les femmes appliquées à cultiver leur eſprit euſſent toujours préſente cette maxime aujourd'hui reçue : qu'on s'enrichit en améliorant ſon domaine, & que rien n'appauvrit comme la manie d'acquérir & conquérir. Je ne veux pas ſans doute décrier la véritable inſtruction. Les femmes inſtruites dont j'aime l'entretien ſont toujours celles chez qui je retrouve plus ſouvent la vérité, la vertu, les graces naïves, l'ingénuité qu'on dit être le caractere de l'ignorance ordinairement fauſſe & préſomptueuſe; mais cherchez une femme d'eſprit qui ſe ſouvienne d'un cours minéralogique, ou d'une leçon payée. Les bonnes leçons d'ailleurs ſont celles dont il reſte l'habitude d'étudier, & que l'on *rumine*, ſuivant l'expreſſion d'un Ancien. Telles ſeroient les leçons de morale & de littérature qu'une femme d'eſprit retrouveroit tous les jours dans tous les uſages de la vie, dans tout ce qu'elle a à voir, à entendre, à comparer.

C'eſt un reproche bien ſérieux qu'ont ſouvent mérité des hommes de génie dans le Miniſtere ou la Magiſtrature, d'avoir employé à des études particulieres le temps & l'eſprit que le devoir deſtinoit à des fonctions de détail. Les ſuccès eux-mêmes rendent les goûts plus vifs, & la tentation plus dangereuſe. En vérité le danger des progrès dans les hautes Sciences eſt trop à craindre pour les Grands qui peuvent multiplier les expériences coûteuſes, & abréger les dégoûts de l'examen.

Les Inſtituteurs des Princes ne ſauroient donc employer trop de ſoin à porter l'attention & l'amour-propre de leurs Eleves vers les objets qui intéreſſent leur état, de faire que les premiers plaiſirs de l'eſprit & de l'amour-propre qui doivent décider de leurs premiers goûts, naiſſent de ce genre d'études.

Et n'eſt-ce pas encore à une femme qu'il faut confier ce ſoin de faire pencher les inclinations, & naître les goûts des plaiſirs ? C'eſt dans cet art qu'elles *menent les hommes à la baguette*, *&* *régentent les Régents à l'école.*

On croit possible l'union de tant de talents & de connoissances depuis qu'on a trouvé cette multitude de méthodes aisées, & que l'on sait faire naître l'instruction des jeux & les plaisirs de l'étude. Pour moi, je ne connois d'aisé que l'espérance dans une carriere que l'on ne connoît point. Fontenelle observe que Mallebranche ne vouloit de plaisirs que ceux dont il ne restoit rien à l'esprit que de ne s'être pas appliqué.

Un honnête homme, esclave de sa parole & de ses principes, est moins sublime en morale, & promet moins qu'un homme léger & inconséquent. Le sage qui sait bien qu'il ne sait rien, gémit de l'enchantement d'une bonne mere que des Charlatans ont trompée, & qui défigure à peine les noms de toutes les belles choses que saura sa fille ou son fils.

Enfin je n'ai point vu de prodige en Education,

cation, mais bien les Arts & les talents (1) multipliés se nuire les uns aux autres, & l'instruction entassée étouffer la lumiere & le bon-sens.

On ne veut point aller observer au College, où l'étude de l'Education comparée seroit pourtant nécessaire à qui veut répandre des principes.

Vous y verriez les enfants chéris d'Apollon exposés à l'humeur d'un Géometre à cachet. On vous montreroit des merveilles où vous ne verriez rien, vous qui cherchez l'esprit d'observation que vous trouveriez

---

(1) L'ancienne D...... de C... disoit que le talent étoit un cautere à l'esprit, qui portoit toutes les humeurs d'un côté. Souvent entourée d'hommes célebres qui ne portoient point leur esprit ou leur génie à dîner, elle les comparoit aux grands Seigneurs qui ont de grands biens au soleil & point de revenus. Cependant elle souffroit impatiemment les sots médire de toute espece de supériorité. Le grand défaut des gens d'esprit, disoit-elle, c'est de n'en pas avoir assez.

peut-être chez un ignorant qui cherche le foible du Maître dont la faveur est utile à son indolence, ou chez le jeune mutin qui vous détaillera les vices du tyran dont il est la victime & le fléau.

Mais vous n'irez point au College. Allez donc à l'école chez une jeune femme, qui étudie tous les Arts, reçoit encore les leçons de tous les talents, & n'en donne que de patience & d'ennui à une mere femme d'esprit, inconsolable de n'avoir eu qu'une Education négligée, parce qu'on ne lui a donné que celle de l'usage, à qui on ne donnoit pas même ce nom.

N'appercevant en elle que ce qui lui manque, cette mere a voulu que sa fille eût tous les Maîtres, & se plaint de la voir aussi bornée qu'eux, & peut-être a-t-elle à gémir d'avoir une fille virtuose en Musique.

S'ensuit-il qu'il faille négliger l'étude, les livres & l'instruction? Non, mais il faut que l'instruction concoure avec l'Education de l'usage & n'y nuise pas. On augmente ses forces avec un bon régime : on les affoiblit en vivant à table.

L'exemple des Princes prouve encore mieux combien cette diverſité d'études eſt diſtinguée de l'eſprit de lumiere & d'adminiſtration. FRANÇOIS Ier. eſt celui de nos Rois dont l'Education ait été plus lettrée (1). Il fut appellé *le Pere des Lettres*.

---

(1) Dans les pays & dans les temps où la culture des Lettres commence, elle eſt recherchée des Grands qui la négligent quand elle ſe répand dans la médiocrité, & qu'elle devient nationale, & cette culture commence toujours par le genre dominant dans les pays de ſon origine. Ainſi à Stockholm, à Pétersbourg on parle de liberté, de de paix, de neutralité, &c. comme on faiſoit des contes chez François Premier, ou chez l'immortelle Reine de Navarre, ſœur héroïque, Auteur aimable, mere charmante de tous les Arts, qui ne la conſoloient point de tout le mal qu'elle vit faire au fanatiſme & à la folie chevalereſque. Toute la Nation partagea les horreurs du temps; la Cour jouit preſque ſeule de la culture & des Arts. Si le peuple eut à s'honorer de quelques grands

On peut dire aussi qu'il fut leur enfant, mais non dans le siecle où leur emploi est de rendre les Princes meilleurs. Il aimoit à dire, & souvent à prouver qu'il n'étoit que le premier Gentilhomme de son Royaume, titre bien modeste pour un

---

hommes, on vouloit les voir à la Cour, où la peur d'être jugé ne leur faisoit pas éprouver ses hauteurs & sa prudente gravité. Durant la Ligue elle-même, l'esprit, les talents, l'instruction s'unissoient aux grands vices des grands perturbateurs. Quels hommes que tous ces Guises! La croyance aux vieux noms n'est pas une superstition ridicule à qui ne sait que l'histoire; mais la foi est nécessaire à l'observateur des mœurs & de son siecle.

Après que Richelieu eut dompté, ou alléché & changé en courtisans tant de grands Seigneurs & de petits Rois, l'activité d'esprit qui leur resta des guerres civiles, la hauteur qu'ils apporterent de leurs dongeons, le besoin de plaire firent naître ce mêlange aimable de dignité, de politesse, d'aisance qui distingua long-temps un courtisan françois; c'étoit le produit des circonstances; mais

Roi qui eſt le premier de tous les Ordres : le premier Magiſtrat, le premier Laboureur, le premier Gardien des mœurs, le premier tout, &c.

Louis XIV ne pardonna jamais à ſes Maîtres de ne lui avoir rien appris, parce qu'il

---

depuis, tout ce monde a dû avec le temps & les circonſtances rentrer dans l'ordre, avec l'eſprit & le maintien de leur nouvel état, de bon ſervi-teur, d'un bon maître. Cependant l'uſage eſt reſté de juger les perſonnages ſur les anciens portraits; l'uſage eſt d'admirer & d'aimer ſur la foi de la renommée, qui avertit les connoiſſeurs que le temps eſt paſſé; on dira donc toujours qu'on n'a de politeſſe aiſée qu'à la Cour, qu'on n'eſt bonne compagnie qu'à la Cour. On dit bien auſſi qu'on ne parle bien qu'à la Cour, qu'on ſe ruine à la Cour, à l'armée, en ambaſſade; & toujours en ſuivant ces diverſes carrieres de la fortune, & ſe moquant des parvenus de finances, parce que c'étoit l'ancien moyen de parvenir. Un par-venu eſt dans tous les ordres celui à qui l'induſ-trie donne un état où l'on eſt étonné de le voir.

Suivant les idées reçues.

ne s'entendoit qu'à gouverner. Il n'avoit étudié que l'Europe & ne savoit que son Royaume.

Au milieu des vicissitudes de la fortune qui formerent HENRI IV, *Jeanne d'Albret* regrettoit sans doute de ne pouvoir lui donner de grands Maîtres qui auroient gâté son ouvrage & celui des circonstances. HENRI & tous les grands Hommes ont été disciples des événements. Leur Education a toujours coûté cher aux siecles & aux Peuples qui en ont eu besoin. Dieu nous préserve des grands Hommes !

Mais pour former un Prince juste qui auroit le goût de la solide gloire, & la feroit aimer à quiconque partageroit avec lui l'emploi de nous rendre heureux ; un Prince qui sût démêler un honnête homme parmi les Courtisans, & un frippon dans la foule qui le sert au loin ; qui sût confondre son honneur & son intérêt dans la gloire & la prospérité de la Nation : pour former enfin le Prince que demande notre siecle, il ne lui faut que l'Education de l'usage bien suivie & celle de l'intérêt bien entendu, & enfin l'Instituteur à qui cette espece d'Education sera plus familiere.

FIN.

www.ingramcontent.com/pod-product-compliance
Lightning Source LLC
LaVergne TN
LVHW050436160826
845677LV00002BA/731

* 9 7 8 2 3 2 9 6 7 7 1 5 6 *